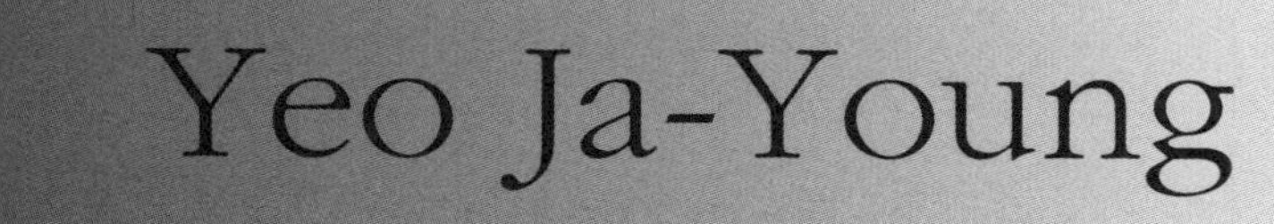

시인 여자영

지금 이 순간 외엔
따로 길이 없다는 것을 생각한다

여자영 시집

지금 이 순간 외엔
따로 길이 없다는 것을 생각한다

시학
Poetics

■ 시인의 말

두 번째 시집이다
크지도 화려하지도
빛나거나 눈부시지도 않은
소박한 들꽃처럼
사소한 일상 속에 평화를 꿈꿔 본다

6개월의 항암치료
불면의 긴 밤들
시답잖은 시작들
좌판에 널어놓은
이 미숙함 막막함

이도저도 아닌 생의 끝자락에서
갈수록 아쉽고 부끄럽다
지금까지
귀하게 만난 소중한 스승님들과
벗들이 있어 참으로 행복하다
사랑하는 이웃들과 가족에게
더없이 고맙다

오늘도 병마와 싸우고 있는
남편에게 부질없는
사랑의 증표가 될는지 모르겠다.

2015년 6월
자영

차 례

■ 시인의 말
■ 작품 해설 | 김재홍

가을 15
까치밥 16
길 위에서 17
길 없는 길 18
구새 먹은 고목 19
구름 길 20
강변 소묘 21
겨울 산에 와서 22
경포 난간에 기대서서 24
검은 비닐봉지 25
거울연못 26
거미 풍장風葬 27
미명계未明界 28
5일과 8일 사이 29
4월의 보리밭을 생각하다 30
난지도 억새 31
놋숟가락 32
워낭 소리 33
달팽이의 귀향 34

도루묵 연가 36
달개비꽃 38
도심 달맞이 39
동자승 40
들꽃 인생 41
딸! 희에게 42
목련 필 무렵 43
목련 44
목련새 45
어느 무심無心 46
바람 부는 날 47
밤비 48
밥과 약 사이 49
백복령白茯苓을 생각하다 50
벽 51
보드카 52
봄 오는 날은 53
봄눈 54
불면의 밤 55

비 내리는 임진강 가에서 56
빈집 57
산길을 걸으며 58
산마을 59
산비 60
산책 길 61
석양 무렵 62
소금 명상 63
못다 이룬 꿈을 향하여 64
수련 65
수박 이야기 66
수묵화 67
스승은 68
아우라지 아리랑 69
아버지 기일에 부쳐 70
양파론論 72
어느 동행 73
어느 사진작가의 죽음 74
어떤 적멸 75

엄마 섬 76
여명 77
우도에서 78
우수雨水 79
인생 80
인연에 관하여 81
자화상 82
장미 유곽遊廓 83
천년의 미소 84
첫눈 85
충주호 만추晩秋 86
키치 봄 87
풀꽃 88
풍경 2 89
혜화동 로터리에 서서 90
30년 후 92
혼자 밥을 먹으며 94

가을

빗속에

오동잎

뚝!

옷 벗는 소리

까치밥

눈비 맞으며 빈가지에 등불 켜 들고
배고픈 까치들 불러들이고 있습니다

세상에서 가장 큰 공덕은
밥 공양이라는 것을
이미 홍시는 알고 있습니다

길 위에서

첫새벽
병원 가는 길
온통 세상은 회색빛입니다

나는
태초의 순간
태초의 인간으로
길 없는 길을 홀로 걷습니다

사는 동안
사람을 만나고
사랑하고 이별하는
이 순간들이

참, 외롭고 쓸쓸한 것만 같습니다

길 없는 길
— 병동 소식

오늘 아침

최인호 작가 별세 소식

그가 찾아 헤매던

길 없는 길

아! 어디로 떠나가는가?

구새 먹은 고목

몸 안이 까맣게 썩어 구멍이 났구나!

저, 구새 먹은 고목이여
얼마나 힘들고 아팠으면 저리 흔적을 남겼을까

세상에는 그와 같이
아프고 늙어 간 사람이 또 얼마나 많았을까

일찍이 생로병사를
깨닫기 위해 고행한 석가를 생각한다

구름 길

물 밑에 구름 길
열린 줄 뉘 알까

호수에 내려앉은
저 뜬구름 돛배 하나

강변 소묘

개나리 진달래
머물다 간 자리에
무리 진 나팔꽃

일어나라! 일어나라!
나팔을 불면
안개 두른 강물
고시랑고시랑
깨어나지요

하얀 개망초 틈새에
키다리 주근깨 나리 아가씨
바람결 수줍어 얼굴 붉히면
흰나비 한 쌍
나풀나풀
꿀 따러 나오지요

겨울 산에 와서

수척한 겨울 산이 좋다
수직으로 갈기를 세우고
사이사이 하늘을 내비치는

세상 낯가림으로 서성거리며
그 어느 곳에도 머물지 못하고
견딜 수 없는 존재의 외로움은
내 안에 벽을 쌓아만 갔다

칠십 고개에 부질없는
시란 코뚜레를 걸고
허무에 대항하듯
때늦은 겨울 산에 오른다

남의 눈엔 쉽게 보이는 삶도
내 눈엔 계산 밖의 일처럼 늘,
숙제를 짊어지고 걸어야만 했다

저 물기 마른 가지처럼
몸 안에 불기를 말리며
가볍게 늙어 가고 싶은데

경포 난간에 기대서서

경계 저편 희미한 배경으로
건물들이 물러나 앉아 있다

흐린 물빛의 경포호 위로
갈매기는 구름처럼 떠가고

내 고인 일상은
귀한 만남의 시간 속으로
날 끼워 넣으며
물들기만 기다리고 있는데

청록이 어우러진
옛 관동팔경의 풍광들이
나를 품어 주고 있네

검은 비닐봉지

바람에 이리저리 굴러다니다

길모퉁이에 죄 없이 버려지는

검은 비닐봉지 하나

죽도록 남을 위해 노동밖에 모르던

어둠의 한평생

길 잃은 삶의 노숙이 슬프고 쓸쓸하다

거울연못

서울 숲에는
거울연못이 있습니다

거울연못에는
서울 숲이 숨어 있습니다

거미 풍장風葬

거미줄에 외줄 타는
어릿광대

한생을 제 그물에 매달려
모진 세월 견디다
마지막까지 자식에게
육신까지 내어주는

저, 살신성인의 모성애

보이지 않는
바람도 울고 가는
웅크린 빈 껍데기

풍장
하나

미명계未明界

병실에서 내려다보는
현충원 가는 길

어둠과 밝음의 경계 사이
잠시 머물다 가는

저, 어슴푸레한 여백!

밤새워 길목을 지키느라
수척해진 가로등
이 미명의 틈새에서

찌르고
찌르고
저 혼자 울고 서 있다

5일과 8일 사이

5월 5일은 어린이날
5월 8일은 어버이날

5일과 8일 사이
내 한생이 놓여 있네

자식이 자식을 낳고
부모님 이승을 떠나고

봄인가
아아!
가을이네

4월의 보리밭을 생각하다

훅! 끼쳐 오는 구릿한 내음
보릿고개 아버진 그때
"똥이 밥이다" 하셨지

후미진 뒷간 옆에 묻어 놓은 오줌 항아리
한낮에 떠돌던 흰 구름 다녀가고
따가운 햇살 아래 열사병 앓고 나면
밤하늘 달과 별이 밤새 놀다 가네요

보리밭 이랑이랑
파도치는
아버지의 남루한 하루가
그 시절 배고프고 무료하던 날들이
왜 이리 시리게 그리울까

먼 산 그리매
멀고도 가까워라

난지도 억새

갈 곳 없는
억새 난민들
쓰레기 더미에 살고 있다

새끼줄로 울타리 쳐 놓고
핏빛 목울대 하늘을 향해

허! 허! 웃는 걸까
엉! 엉! 우는 걸까

이 가을
은빛 억새들의 몸부림이
저토록 슬프고 아플 수 있을까

놋숟가락

길 없는 나그네
허리띠 졸라매고
풀칠한 한평생

먹새만큼 큰새 없다는데
살려고 먹었나?
먹으려고 살았나?

문고리에 꽂아 놓고
세상 떠나는 날
놋빛 한이 서려 있는

저,
놋숟가락

워낭 소리

청량산 기슭에
팔순 농부와 사십 년 소가 살았네

쩔렁쩔렁 워워
삐거덕 삐거덕

서로가 서로의 밥상이 되어 주며

쩔렁쩔렁 워워
삐거덕 삐거덕

생의 비탈길을 같이 걸었네

달팽이의 귀향

아! 이런
상추 잎에 매달린
달팽이 한 마리
한 방울의 이슬로 맺혀 있네

투명한 집을 등에 지고
긴 목을 치켜들며
레이더 두 눈은
주위를 두리번거리며

이정표도 없이
맨살을 밀며 끌며
길을 찾아 떠나는
어느 고행승의 모습이네

늘, 외로움을 타는
사소한 자극에도

온몸을 움츠리는 너

가늘고 긴 목에서 여린 슬픔이
배어나올 것만 같은 몸짓
잠시 내게 묻어 왔던 너는

아직도
시의 숲 상추밭 귀향을 생각하는구나

도루묵 연가

누가 네 이름을 목어木魚라 지었는가?
오행五行에선 목木의 방위는 동쪽이요
계절은 봄이라 했거늘
얼마나 서민적이고 목가적인 이름이더냐!

크지도 작지도 않은 몸매에 자식 욕심은 많아
알집이 크고 색깔은 은빛 자색의 사랑스러운
어족인데
구이며 찌개며 식해食醢며 서민들이 즐겨 먹는
먹거리였지

시절 인연 있어 피난 시절 선조 임금 밥상에서
너를 먹어 보고 은어로 격상시켰으나
환도 후 맛이 별로였던지 다시 도루묵으로
격하시켰다 하니
아무리 임금이라 해도 마음대로 이름을
바꿔 부르는 것은 말 못하는 어족인들

얼마나 억울하고 섭섭했겠느냐

요즘도 사람들 중에는 때로 은어 대접 받다가
순식간에 도루묵 신세가 되는 세상인지라
그리 탓할 일만은 아닐 거네만

오호! 통재라
억울하고 원통한 도루묵 너,
목어 신세여!

달개비꽃

닭장 그늘에
숨어 피는
초승 달개비꽃

청보라 두 날개
하늘하늘 날아온
아가 나비 한 쌍

아침 이슬 머금은
단아한 몸짓
파르르 떨고 있구나

도심 달맞이

빌딩 숲 사이로

여래의 미소

저, 원만구족圓滿具足

동천이 환하다

동자승

감잎 사이로
파르라니 웃는

동자승 품은
소박한 여인의

저, 맨살 젖꼭지

들꽃 인생

산책 길을 걸으면
낮은 바닥 틈새에 납작 엎드려
혹독한 추위를 오롯이 견디는
작은 들풀이 하늘로 머리를
밀어 올리고 있다

어느 시인은 자기를 키운 건
팔 할이 바람이라 했지만
우주 어딘가에서 이곳까지 날아와
모진 비바람 속을 저리 버티고 있구나

문득,
두메산골
값없이 하얗게 핀
쌀알만 한 들꽃처럼
살고 싶어라

딸! 희에게

네가
마음의 화상을
입었을 때

내 마음은
까맣게 불에 타
오그라들었다

세월이 약이라고
누군가 말했던가

목련 필 무렵

창밖에 목련 한 그루

무심히 바라보는
내게

그대는
바람으로 화답하는

4월, 그 어느 날이던가

목련

눈부신 순간도 잠시던가

하얀 속적삼 펼쳐 들고
훠이 훠이

하늘로 혼을 부르네

제 몸 그늘 아래로
미련 없이 내려놓는

저, 열반 소식이여

목련새

꽃보다 먼저 와
어린 목련새 떼
빈 가지마다 내려앉아 있네

뽀오얀 솜털부리로
빈 허공 물고 앉아
학鶴의 비상을 꿈꾸고 있는가

먼 길 오느라
수고했다고

봄비는 초근초근
목덜미 어루만져 주네

어느 무심無心

청룡사에
청룡이 가부좌 틀었네

대웅전 지키는
사천왕은 처마 끝에
숨어 있고

사당패 놀이마당
무심히 바라보는
관음보살

층층나무 한 그루
저 혼자
선정삼매 들었구나!

서산 해 빙그레
이. 뭣. 꼬.

바람 부는 날

들녘에 서면
우주가 소리로 가늑하다

두 손 들어
눈감으면

아득히
유년에 부르시는

아버지 목소리—

밤비

지칠 줄 모르고
어둠을 쓸어내리고 있다

뒤척이며 몸살 앓는
대지의 숨소리

유리창에 부딪히며
흐느끼는 느낌표들

추억 속에 비춰 보는
흑백필름 지나가고 있다

밥과 약 사이

아프다 보니
눈뜨면 약부터 챙기는데

약을 먹기 위해 밥을 먹는 건지?
밥을 먹기 위해 약을 먹는 건지?

의식처럼 세끼니
먹는 것이 귀찮을 때가 있다

약 한 알로 밥을 대신할 수 있다면
세상은 어떤 모습일까

백복령白茯苓을 생각하다

관목으로 목 잘린 수백 년 된
소나무의 그루터기
그 옛날 이차돈이 그랬던 것처럼
순교자의 하얀 피가 서려 있다

땅속 유곡에서
뿜어 올린 생명줄
제 몸 잘려 나간 줄 모르고
얼마나 허망했을까

지상에 높이만큼
땅속 깊이 닿아 있을 뿌리
되돌아가야만 하는 기운과
위로 솟구치는 기운이 어찌 같으랴

갈 곳 없는 엉킨 한
아! 저리 부려 놓았을까

벽

쓰고 지우고
지우다 쓰다

창밖은 캄캄한 벽
길 없는 길

정수리 위로
일획 긋고 가는

저, 시간의 뒤꼭지

보드카

비 내리는 우울한 날

순백의
너와 내가 만나

원 샷으로
탁!
쏘는 그 맛

봄 오는 날은

어린잎 조막손
잼 잼 잼
햇살 담아 모아요

보슬비 아기 손목에
조롱조롱
은구슬 달아 주고

엄마는 쟁글쟁글
햇살 받아
장을 담가요

벚나무는 옆에서
펑 펑 펑
팝콘 튀기지요

봄눈

천상은
봄인가 보네

눈꽃잎
흩날리니

우리
인생도

봄눈 길
낙화라오

불면의 밤

— 병상에서

밤은 깊고도 멀어라

밥이 쓰고
말이 싫고

머릿속은 텅 비어

몸과 마음은
왜 이리 뒤척이는가

아아!
지금 이 순간 외엔
따로 길이 없다는 것을 생각한다

비 내리는 임진강 가에서

추적추적 비는 내리고
동강 난 다리 밑으로
숨죽여 우는
회색빛 임진강이 흐르고 있다

아직도 녹슨 선로엔 철마가
전쟁의 상흔을 이고 지고
소리 없는 기적을 울리고

저 개성까지가 2킬로
안개 덮인 산야 너머
고향땅이 눈앞에 아득하다

동족상잔의 비극을 일으킨
그대들이여
이 땅에 모든 무기를 버려 다오
오늘도 임진강은 휘돌아가고 있는데

빈집

주인 없는 집

봄이 오니

복사꽃만 홀로 피어 있네

산길을 걸으며

저녁연기 피어오르는 산마을

어머니!

어머니! 부르고 싶다

산마을

산그늘에 어둑발이
내리면

먼 산 그리매
고개 떨구고

무논 개구리
개굴개굴

저무는 길손
언제나
먼 산 바라기

산비

젖었다 말렸다

멀미하는 먼 산

힐끗! 하늘 보는

장돌뱅이

패랭이꽃

산책 길

누군가는 느리게
누군가는 빠르게
누군가는 뛰고

가면 오리
오면 십 리 길

쉼 없이 오가는 인생길

석양 무렵

앞산 이마에 숯불 피우며
홀로
능선 넘는 석양

찜통 하루
권태의 늪에서
허우적거릴 때

일시에 매미들
짱!
맴. 맴. 맴.

뚝!
먹먹한 고요

소금 명상

천년을 뒤척이다
뭍에 오른

빛의 고통이
빛어 놓은

눈물 뼈
바다고독

못다 이룬 꿈을 향하여
— 성가족성당 앞에서

오늘도 가우디*여!
아직도 종탑 십자가에 매달려
못다 이룬 꿈 천국으로 가는 길
소리 없는 종소리 펴 올리고 있을까

저 높고 거룩한 종탑 앞에서
어느 종교에도 속하지 못한
내 생의 한순간
스스로 종교인이 되어 가네

* 가우디 : 스페인 건축가로 성가족성당을 마지막으로 완성 못하고 사망함.

수련

한 송이
염화미소
어둑새벽 밝혀 주네

물 한 자락 깔고
연잎 좌대에 앉아
사나흘
무상을 설하며

해 질 녘
노을 앞에
합장하는

저, 물속 열반이여

수박 이야기

남대문 정류장 리어카에서
수박 한 덩이를 샀다

흔들리는 버스 속에서
신경은 온통 수박에 매달렸지만 그만,
내리는 문턱에 부딪혀 깨지고 말았다

누가 시켜서 한 일도 아니건만
아이들 핀잔 속에
왜 갈 곳 없이 섭섭해지는 걸까

나는 그렇게
사는 것이 다 삶인 줄만 알았는데

수묵화

— 증도바다에서

일몰이 먹물 풀어 놓은
고요도 숨죽인 증도바다

가물대는 별 하나
먹장 너머로 숨고

어둠에 갇혀 버린 파랑
길 잃고 훌쩍이네

내게서 멀어져 간 시간들
조등처럼 가물거리는데

한밤 내내 우려낸 어둠은
희뿌옇게 바래만 가고 있네

스승은

내게는
자식이 거울이고 스승이네

아우라지 아리랑

송천과 골지천이
서로 합환合歡하며
아리랑! 아리! 아리랑!
얼싸안고 춤을 추는데

나루터엔 뗏목 싣고
한양으로 떠나는 뱃사공을
아낙이 홀로 서서
하염없이 손을 흔들고 있네

아리랑! 아리! 아리랑!
울음 타고 흐르는
저, 아우라지 강물

귀밑머리 희끗한 겨울 산이
돌아오지 않는
뱃사공이 되어
무심히 내려다보고 있구나!

아버지 기일에 부쳐

내 나이 삼십에
홀연히 회갑의 나이로 고단한 세월을
병원에서 외롭고 쓸쓸히 접으셨다

내게 던진 부드럽고 공허한 당신의 눈빛
뚝!
내 안에 심장 멎는 소리
창밖은 찬바람이 불어오고
노오란 은행잎 소낙비로 쏟아지는데
해 질 녘 빈 밭에 검불 더미같이
앙상한 모습의 내 아버지!
나약하고 눈물 많던 나에겐
외롭고 두렵고 슬픈 시월이었네

"미안타, 미안타"
이승에서 마지막 내게 하신 말씀
바람처럼 휙!

어젯밤 꿈에 오신 것일까
당신의 체온이 안개비 되어
온몸에 시려 오고
아득히 피난 시절 막차를 기다리며
슬프도록 아득해 보였던 그때의 그 모습
어느 하늘에서 지난 허기를 달래고 계실까?

아! 사무치게 보고 싶다
해 저문
이 가을에

양파론論

벗겨내도
벗겨내도

보이지 않네

한 잎
두 잎

쌓다 보면

비로소
인생이 보이거늘

어느 동행

비둘기 한 쌍이
나란히 걷고 있네

발갛게 부르튼 맨발로
고개를
끄덕! 끄덕!

이른 숲길
탁발을 나온 걸까

어느 사진작가의 죽음
— 케빈 카터* 사진전을 보며

굶주림에 무릎 꿇고
사막에 엎드려 죽어 가는
수단의 어린 소녀 곁에 한 마리
독수리가 죽음을 기다리고 있다

순간! 케빈 카터는 사진작가로서
죽어 가는 생명 앞에 셔터를 눌렀다

그가 찍은 사진으로 퓰리처상을 수상
했지만 빗발치는 여론과 양심 속에서
그는 33세 때 스스로 목숨을 끊었다

굶주림에 죽어 가는 어린 생명에 대한
죄의식이 비단 그 사람뿐이랴

---

* 케빈 카터Kevin Carter : 1960년 9월 13일 남아프리카 요하네스 출생. 프리랜서 카메라맨으로서 남아프리카 정치항쟁, 탄압, 폭력의 최전선에서 몸을 던진 사진작가.

어떤 적멸

선운사
뒤늘

범종 소리 머금은
붉은 심장 하나

뚝!

동백
한 송이

엄마 섬

까맣게 그을린 섬
뭍으로 떠난 자식 생각에
밤새 뒤척이며
몽돌 가슴은 소라귀가 되었네

백사장 어린 물새들
노을 물고 날고
먼 그리움은
수평선 당겼다 놓으며
황금빛 노을 그물을 치네

엔진을 끈 빈 배 하나
오르락내리락
엄마의 기다림은 지쳐만 가고 있다

여명

— 병상에서

어둑새벽
빗소리가 차들을 몰고 온다

파리한 병실 형광등 아래
고독과 나란히 누워 있다

가랑잎 하나
허공에 홀로 매달린 내 영혼

육신의 아픔은 살아 있다는 것을
이 병실에서 앓다 떠난 사람들을
외롭고 쓸쓸히 생각한다

우도에서

푸른 바다에 꿇어앉은

검은 소 한 마리

일출봉을 바라보고

하얀 거품 되새기며

온종일 엉! 엉! 울고 있구나

우수雨水

처마 끝에

칼 고드름

홍당 홍당

봄이 오는 소리

인생

어제는 창호에 세찬 눈보라
지문을 찍고 갔습니다

오늘은 창가 여린 홍매
우련우련 물들고 있습니다

인연에 관하여

어제는 내가
대장암 수술을 받았고

오늘은 그대가
폐암 말기 진단을 받았다

병도 인연일까?
나도 모르고
그대도 모르는

세월의 강물은
사정없이 흐르고 있다

자화상

비 내리는 저수지

생각에 젖은

외발 해오라기

저물녘 어디로 날아갈까

장미 유곽遊廓

화원 문 앞

빨강, 노랑, 꼭두서니,

늙은 줄도 모르네

잠시, 쉬었다 가라 하네

천년의 미소
— 베트남 미선유적지에서

창조와 파괴의 시바 조각상이
폐허 속에서 나뒹굴고 있다

참파왕국의 역사는
유적으로 남아
산산이 부서져 말이 없고
아직도
신과의 합일을 꿈꾸던
압사라 무희만
천년의 미소를 짓고 있다

첫눈

두드릴 듯
누드릴 늣

유리창에 날아온
새하얀 먼 소식

천상에서 날아오는가!

나풀나풀
흰나비 떼

충주호 만추晩秋

명경明鏡에 비친
화엄 가을
선정에 들었네

어드메
장닭 홰치는 소리

어느 한 생
한 소식 전해 오네

키치* 봄

아직도
눈발은 칼춤을 주고
대지는 봄을 해산 중인데

세상에 온갖 키치들 날뛰며
죽은 귀신들 일제히 불러들여
광야엔 황사바람 거세다

어! 황홀한 결별의 순간
눈부신 목련은
소리 없이 피고 지는데

* 키치kitsch : 윤리적으로 야비한 거짓말쟁이.

풀꽃

길가에 이름 모를
하얀 풀꽃

저 꽃도 내가 모르는
산고를 겪고 피어 있겠지

무심히 바라보는 내게
어디서 와서
어디로 가는 줄 모르는

지금 여기
그냥 피고 있을 뿐이라고

7월 어느 고즈넉한 저녁나절

풍경 2

소양호에 잠든

오봉산

백로 한 마리

산허리

주—욱

긋고 가네

혜화동 로터리에 서서

혜화동 로터리에 서면
내 생의 수많은 편린들이
소리 없이 떠다니고 있다

젊은 날 대학문을 두드릴 때나
나이 들어 시의 문을 두드릴 때까지
이 길 위에서 나는,
절망과 희망
우연과 필연 사이를 오가며
시도 때도 없는 신열을 앓았다

산다는 것은 이유도 모르고
그냥 흘러가는 것
다람쥐 쳇바퀴 돌듯
살아가다 보면
언제나 힘들게 하는 건 나,
바로 나였다고

아, 혜화동 로터리는
내 생의 간이역!
끝없는 모순의 바다

버스에 오르며
오늘도 나는,
흑백필름을 아프게 돌리고 있다

30년 후

— 메타세쿼이아에게

1982년 봄
아파트로 이사를 왔다
거실 북창에서 메타세쿼이아 너는 그때
까치발로 정수리를 들이밀고 기웃거렸고
나 역시 바쁜 일상 속에 너의 존재를
까맣게 잊고 살아온 날들이 참 많았다
30년이 지난 오늘
너를 바라보니 놀랍도록 우람한 수문장으로
자라 우뚝 버티고 서 있구나
계절이 찾아오면 창문에 오색 커튼을 달아 줬고
집 사정이 궁금할 때마다 까치들로 하여금 집을
짓게 하여 거실 안을 기웃기웃 살피곤 했었지
어느 무더운 여름
태풍이 휘몰아치던 날
몸부림치며 창문을 두드릴 때 나는
너무 무서워 온몸을 떨며 어찌할 바를 몰랐었지
그리고

다음 날 태풍이 지나고 상처 입은 수척한 몸으로
멍하니 서서 바라보고 있을 때
같은 생명체로서 함께 살아온 너에 대한
알 수 없는 연민을 아직도 잊을 수 없다
그러나
지금은 너도 까치 가족을 휑하니 떠나보내고
나도 자식을 공부시키고 분가시켜 내보냈으니
어느덧 힘들었던 세월은 다 지나가고 측은지심
으로 서로를 지켜보는 신세가 되어 버렸으니……

아아!
너와 내가 함께 바라보는 서녘 노을이
왜 이리 슬프고 아름다운 것이냐

혼자 밥을 먹으며

슬픈 밥 한 숟가락
혼자 밥을 먹는다

창밖에 메타세쿼이아 나무는
어디서 유배와 저리 무연할까

부적처럼 물리쳐 줄
화두를 붙들고 앉아
홀로 시를 쓰는 일

붓 하나로 견디는
완당의 세한을 생각한다

작품 해설

길 없는 세상 길 찾기, 시詩의 의미

— 여자영 시집 읽기

김 재 홍
(문학평론가 · 백석대 석좌교수)

1. 죽음 예감과 불안 의식

여자영의 두 번째 시집 『지금 이 순간 외엔 따로 길이 없다는 것을 생각한다』는 병상일지로 시작된다. 이번 시집의 시편들이 그만큼 절박한 시기에 절실한 심정으로 쓰였다는 뜻이 되겠다. 생의 길 끝에 서서 한없이 나약하고 연약해진 자신의 맨 얼굴과 대면한 시인의 절규가 담겨 있다는 뜻이다. 그만큼 시편들에는 지나온 삶에 대한 회한과 생에 대한 근원적인 고독과 외로움이 짙게 드러나 있다.

그러면서도 시인은 특유의 '한 걸음 물러서서 바라보기

기법' 과 '사물과의 거리 두기 시법' 등과 같은 방법론을 통해 고도의 감정절제와 미적 균형을 획득해 내려 시도한다. 시인은 특히 단독자로서의 인간 실체, 일회적 존재로서 실존의 의미를 이미지즘적 방법론을 사용하여 담담하게 형상화해 내고 있어 주목을 환기한다.

시인의 첫 번째 시집 『화엄고요』(2011)에서도 두드러진 특징의 하나였던 사물에 대해 '물끄러미 바라보기' 는 이번 시집에서도 그대로 나타난다. 그러나 첫 번째 시집에서보다 사물과의 거리가 좀 더 가까워지고 있다는 점에서 시인과 사물과의 유대관계가 훨씬 더 밀접해졌다고 볼 수 있다. 그만큼 시인이 대상을 향해, 세계를 향해 마음의 문을 열고 있다는 뜻이 될 것이다. 아마도 그것은 시인의 일신상의 변화와 무관하지 않을 것이다.

몇몇 시편들에서도 언급되고 있듯이 시인은 지금 투병 중이다. 또한 시인의 부군 역시 폐암 말기 진단을 받은 상태다. 이런 사실만 놓고 본다면 보통 사람의 경우 지나친 자기연민에 빠져 감정 과잉에 노출되기 쉽다. 그러나 시인은 자신이 처한 현실에 대해 끝까지 냉정과 평정을 유지하려 노력하고 있다. 바로 그 점이 시인의 시가 더 깊은 울림과 감동을 불러일으키는 이유가 될 것이다.

시인이 병을 얻고 난 후 유독 귀가 밝아진 쪽은 주변인들의 죽음에 대한 소식이다. 죽음은 이 세상 모든 만물들에게 피할 수 없는 운명의 길이고 자연의 이치에 해당한다. 약간의 개인 차이는 있겠지만 죽음으로 가는 길은 누구나 거쳐야

할 길이고, 생명 가진 것들의 조건에 해당한다. 시인도 이 사실을 모르는 바는 아닐 것이다. 그런데도 다른 사람의 죽음 소식을 접하면서 전 같지 않고, 남의 일 같지 않은 느낌이 들어서 마음이 불편 · 불안해지는 것이다.

오늘 아침

최인호 작가 별세 소식

그가 찾아 헤매던

길 없는 길

아! 어디로 떠나가는가?

—「길 없는 길—병동 소식」 전문

죽음은 이 지상에서 할 수 있는 일이 아무것도 없어졌음을 의미한다. 먹고 싶고 보고 싶고 가고 싶어도, 그 어느 것 하나 할 수 없는 상태를 말한다. 그야말로 모든 것이 끝난 상태, 즉 어떤 것은 남겨 놓고, 어떤 것은 미뤄 두고의 문제가 아니다. 이 지상에서 할 수 있는 행위가 한꺼번에 모두 중단된다는 것을 의미한다. 일시에 존재 자체가 사라져 버린, 완전 무의 상태가 된다는 뜻이다.

시인은 어느 날 아침 유명 소설가 최인호 씨의 죽음 소식을 듣는다. 그러면서 그가 이 지상에서 찾아 헤매던 길에 대해 주목하고 있다. 그 길은 곧 시인 자신이 걸어온 길이기도 하고 앞으로 가야 할 길이기도 하기 때문일 것이다. 그래서 그런지 시인의 시에는 비관적이고 부정적인 시어들이 유난히 많이 등장한다. 불과 5행의 짧은 시에서도 '헤매는', '없는', '떠나가는가' 등의 비관적인 시어들과 '별세', '병상' 등과 같은 부정적인 시어들이 그것이다. 그만큼 시인의 현실인식이 비관적이고 부정적이 됐다는 뜻이다.

그렇다고 해서 넋두리를 늘어놓거나 고통스럽다고 누구를 원망하거나 좌절에 빠지지는 않는다. 시인 자신에게 닥쳐온 삶의 막다른 골목인 병을 자신 가까이에 있는 누군가에게 일어난 일처럼 한 걸음 물러나 "그가 찾아 헤매던/ 길"이라며 시인은 에둘러 담담하게 말하고 있다.

2. 삶, 길 없는 길 찾아가기와 역설의 미학

이러한 '물끄러미 바라보기' 표현기법을 통해 시인은 자신에게 불어닥친 엄청난 생의 파도를 어쩌면 인정하기를 거부하고 피해 가고 싶었는지도 모르겠다. 길 없는 길이지만 아직 살아 있기에 시인은 길을 다시 모색해 가야만 한다. 그러나 오늘 시인이 선택할 수 있는 길은 없는 것처럼 보인다.

그래서 최인호 작가의 죽음이 남의 일 같지 않은 것이다. 결국 시인이 지금 맞닥뜨리고 있는 이 죽음 인식의 문제는 언젠가 모든 사람들이 다 겪어야 할 문제에 해당한다. 좀 더

이르고 늦는 것의 차이는 있겠지만 아무도 피해 갈 수 없는 일임이 분명하다. 여기에서 시인의 생에 대한 진지한 탐구가 시작된다고 보겠다. "아! 어디로 떠나가는가?" 라는 물음이 곧 그것이다.

아무도 모르는 죽음, 그 이후의 길이 궁금해지는 것은 곧 내가 지금 누리고 있는 '오늘' 이라는 이 기적을 어떻게 살아가야 할까에 대한 궁금증으로 귀착되고 있다. 이것은 또 다른 의미에서 생에 대한 긍정이자 생에 대한 강한 애착으로 볼 수 있을 것이다. 여기에서 여자영 시인 나름의 역설의 미학이 돋보인다고 할 수 있다. 시 「불면의 밤 – 병상에서」에서도 시인은 "없는 길" 을 찾아 몸부림치고 있다.

> 밤은 깊고도 멀어라
>
> 밥이 쓰고
> 말이 싫고
>
> 머릿속은 텅 비어
>
> 몸과 마음은
> 왜 이리 뒤척이는가
>
> 아아!
> 지금 이 순간 외엔

따로 길이 없다는 것을 생각한다

—「불면의 밤—병상에서」 전문

'쓰다, 없다, 싫다, 멀다' 등의 부정적 서술어는 그녀가 겪고 있는 육체적 · 정신적 고통의 한 단면을 그대로 보여 준다. 모두가 단잠에 빠져 있는 시간 시인은 홀로 깨어 뒤척인다. 잠이라도 편히 잘 수 있으면 그 시간만큼은 아픔을 잊을 수 있을 텐데 어디 그것이 마음대로 되는 일이던가? 오죽하면 고문 중에 가장 잔인한 고문 중의 하나가 바로 '잠 못 자게 하는 것' 이라고 진술했겠는가?

그만큼 시인은 지금의 상황에 힘들어하고 있다. 밥맛은 쓰고, 잠은 안 오고 몸과 마음은 뒤척이고 지금 이 순간 고통을 온몸으로 받아내는 것 외엔 따로 길이 없음을 생각하고 있는 것이다. "아아!"라는 영탄구 속에서 시인이 지금 처해 있는 상황이 얼마나 답답하고 절박한지 미루어 짐작해 본다. 아무도 대신해서 해결해 줄 수 없는 생명 가진 것들의 원초적 운명 조건인 인생행로, 생 · 로 · 병 · 사의 문제를 껴안고 시인은 지금 길 없는 길 위에 홀로 서 있다. 잡을 지푸라기 하나 없는 생의 낭떠러지 위에서 시인이 깨달은 사실은 길이 없다는 것이다.

결국 이것은 자신에게 부과된 생의 짐을 벗어 버리고자 아무리 발버둥 쳐도 어쩔 수 없다는 사실, 즉 한계상황을 받아들이고, 신의 섭리 앞에 무릎을 꿇을 수밖에 없는 연약한 존재임을 인정하는 것이리라. 이처럼 낭떠러지 의식을 가지고 있는 시인의 생 인식은 다음 시에서 더욱 구체화되어 비관적 상황을 심화시켜 가고 있다.

> 어둑새벽
> 빗소리가 차들을 몰고 온다
>
> 파리한 병실 형광등 아래
> 고독과 나란히 누워 있다
>
> 가랑잎 하나
> 허공에 홀로 매달린 내 영혼
>
> 육신의 아픔은 살아 있다는 것을
> 이 병실에서 앓다 떠난 사람들을
> 외롭고 쓸쓸히 생각한다
>
> —「여명—병상에서」 전문

시인은 위의 시에서 '고독, 홀로, 외롭고, 쓸쓸히' 등의 직설적인 시어를 사용하여 자신의 감정을 좀 더 구체적 · 직접적으로 표출함으로써 자신이 처한 정신적 상황을 그대로 드러내고 있다. 이것은 물끄러미 물러서서 객관화시켜서 바라보던 현실인식 방법에서 벗어나 좀 더 밀접하게 자신의 내면을 들여다보고 있는 것으로 이해된다. 어둑새벽 빗소리가 몰고 오는 차들의 소리를 들으며 시인은 지금 병실에 고독과 함께 누워 있는 중인 것이다. 아무도 대신해 줄 수 없는 병을 앓으며 허공에 홀로 매달려 언제 떨어질지도 모르는 가랑잎과 같은 존재, 그것이 바로 시인이 인식한 자신의 현 존재태다.

이것은 결국 위태롭고, 병들고, 외롭고, 쓸쓸한 것이 생의 본질이라는 시인의 비관적 생철학과도 일맥상통한다고 하겠다. 또 "이 병실에서 앓다 떠난 사람들"이라는 시구에서도 볼 수 있듯이 시인은 세상을 하나의 큰 병원 또는 병실로 보고 있다. 병원의 병상에 누워 있는 사람들만이 병자가 아니라 병상에 누워 있지는 않지만 살아 있는 모든 존재들은 언젠가는 누구나 병자가 될 수 있는 예비 환자들인 셈이다.

그래서 어느 시인은 우리 몸속에는 삶과 죽음이 함께 공존하고 있다고 하지 않았던가. 그것이 바로 목숨 가진 존재들의 한계이고, 또 영원히 머무를 수 없이 언젠가는 떠나가야 할 나그네 인생인 것이다. 시인은 이러한 나그네 의식을 깨닫고 외롭고 쓸쓸해하고 있는 것이다. 지금 당하고 있는 이 아픔, 두려움은 나만의 것이 아니라 생명 가진 것들이 공통적으로 짊어질 수밖에 없는 운명적 속성이라는 비관적 존재로 확대 · 심화되면서 끊임없이 삶에 대한 사유의 폭을 넓혀 가고 있는 것이다.

이것은 비관적이고 부정적인 생 인식을 넘어서서 긍정과 희망의 생 인식으로 나아가고자 하는 시인의 생에 대한 강한 애착으로 드러나기도 한다. "육신의 아픔은 살아 있다는 것"에서 생에 대한 긍정의 반전이 확연히 드러난다. 육신이 병들고 아픈 것은 살아 있기 때문에 느끼는 감정이라 스스로를

위로하면서 다시 한 번 삶에 대해 희망의 불씨를 지피고 있는데 이것은 곧 생의 길 찾기, 즉 시 찾기로 연결되고 있어 주목을 끈다.

3. 생에 대한 유배 의식과 그 극복의 탐색

여자영 시인의 시편들에서 다음으로 눈여겨볼 것은 시인의 비관적이고 부정적인 세계 인식이 '인생무상, 홀로 가는 나그네 의식' 과 같은 허무 의식과 어떻게 접합되고 극복되면서 생에 대한 긍정과 희망의 시학으로 전환되느냐 하는 문제다. 절망과 희망, 생존과 죽음 사이를 수시로 넘나드는 병원 또는 병상에서 우리 존재가 필연적으로 느낄 수밖에 없는 생 · 로 · 병 · 사의 문제, 고통과 고독의 문제를 시인은 피하지 않고 예민하게 직시하면서 살아 있는 생명의 존재가치를 지속적으로 의미화하고 있다는 점에 주목해 볼 수 있다는 뜻이다.

슬픈 밥 한 숟가락
혼자 밥을 먹는다

창밖에 메타세쿼이아 나무는
어디서 유배와 저리 무연할까

부적처럼 물리쳐 줄
화두를 붙들고 앉아
홀로 시를 쓰는 일

붓 하나로 견디는
완당의 세한을 생각한다

—「혼자 밥을 먹으며」전문

“슬픈 밥 한 숟가락”의 의미란 무엇일까? 한 숟가락을 잘 떠넘기느냐 못 떠넘기느냐에 따라 현생의 목숨을 부지할 수 있느냐 못하느냐가 결정된다는 것을 시인은 뼈저리게 느끼고 있다. 건강하고 식욕이 있을 때 밥 한 숟가락은 기쁨이고 즐거움일 수 있다. 그러나 병이 들어 식욕이 없을 때 밥 한 숟가락을 떠넘기는 일은 고역이고, 약을 먹는 것보다 더 힘든 일이 될 수 있다.

시인은 지금 혼자서 존재 상징인 그 밥과 대면하고 있다. “슬픈”이라는 단어 속에 시인이 밥 한 숟가락을 떠넘기는 것을 태산을 짊어지는 것보다 더 무겁게 느끼고 있다는 것을 짐작해 볼 수 있다. 그것은 곧 생명을 붙들고 있는 것이 그만큼 힘겹다는 것을 의미할 수도 있겠다. 곧 밥 한 숟가락을 먹고 못 먹는 것이 시인에게는 목숨과 직결되어 있다고 절실하게 인식하고 있다는 뜻이 되겠다. 그래서 시인은 지금 혼자서 밥을 먹고 있다. 맛있어서 먹는 밥이 아니라, 먹어야 하니까 먹는 밥이고, 먹기 싫은 것을 억지로라도 먹어야 하니까 슬픈 밥이다. 밥을 먹는 행위는 시인의 생에 대한 강한 의욕이자 의지를 나타낸다고 볼 수 있다.

이것은 시인이 '홀로 시를 쓰는 일' 과 병치시켜 이해할 수 있다. 여자영 시인은 자신이 시를 쓰는 행위는 생의 고통과 아픔, 외로움, 부정적인 요인을 물리쳐 줄 행위쯤으로 생각하고 있다. 밥 한 숟가락 떠 넣는 일이 시인의 물리적인 생명에 부적을 붙이는 일이라면, 시인이 시를 쓰는 일은 곧 시인의 영혼에 부적을 붙이는 일이 되는 셈이기 때문이다.

시인은 현실의 외로움과 슬픔, 육체적 고통을 시를 쓰면서 통과시켜 가고 있다. 그러한 행위는 더 나아가 '붓 하나로 모진 유배의 시간을 견뎌 낸 완당의 세한을 생각하' 는 행위, 즉 생의 극복 또는 자아실현 행위로 구체화 · 심화되고 있다. 이것은 시인의 아파트 창밖에 서 있는 메타세쿼이아 나무와 함께 시인의 생 인식이 유배 의식에서 출발했다고 볼 수 있는 근거라 할 수 있다. 원래 중국의 쓰촨 성이 원산지인 메타세쿼이아 나무가 자신이 살고 있는 아파트 창밖에 서 있는 것은 유배를 떠나는 것이며, 육신을 가지고 이 땅에서 살아가고 있는 자신 또한 어디선가 유배를 온 것이라는 시인의 생에 대한 유배 의식을 상징화하고 있는 것으로 해석된다.

그렇기에 현실의 삶이 고통스럽고 외롭고 쓸쓸한 것은 당연한 이치이며, 그러한 비극적인 세계를 살아가기 위해서는 그것을 이겨 낼 무언가가 필요한데 시인에게 그것은 곧 시를 쓰는 일이요, 붓 하나로 힘든 유배의 세월을 견뎌 낸 완당의 세한도를 생각하는 것과 등가행위라고 여자영 시인은 말한다.

이러한 노력은 시인이 지금 처해 있는 어려운 현실의 문제들을 극복하고 다시 일어서겠다는 생에 대한 강한 의욕과 열망을 보여 준다. 시인의 생에 대한 유배 의식이 어떻게 그 비극성을 극복하고 생에 대한 더욱 강한 긍정과 희망을 찾아가고 있는지 다음 시편을 통해 살펴보는 것도 의미 있는 일이 될 것이다.

산책 길을 걸으면
낮은 바닥 틈새에 납작 엎드려
혹독한 추위를 오롯이 견디는
작은 들풀이 하늘로 머리를
밀어 올리고 있다

어느 시인은 자기를 키운 건
팔 할이 바람이라 했지만
우주 어딘가에서 이곳까지 날아와
모진 비바람 속을 저리 버티고 있구나

문득,
두메산골
값없이 하얗게 핀
쌀알만 한 들꽃처럼
살고 싶어라

—「들꽃 인생」 전문

"우주 어딘가에서 이곳까지 날아와/ 모진 비바람 속을 저리 버티고 있구나"라는 핵심 구절 속에는 시적 화자의 정신적 은유 표상이 좀 더 확실하게 투영되어 있다. "낮은 바닥 틈새에 납작 엎드려/ 혹독한 추위를 오롯이 견디는/ 작은 들풀", 그것은 다름 아닌 바로 시인 자신의 형상에 해당한다. 시인은 자신이 표현하고자 하는 대상에게서 한 걸음 물러나 남의 일처럼 물끄러미 바라보던 기존의 표현 방식을 극복하고 좀 더 밀착된 근접 거리에서 대상을 만나고 있는 것이다. 대상과 화해하고 친밀감을 회복했다는 뜻이 되겠다.

이것은 곧 세상과의 친화, 즉 삶에 대한 비극성과 유배 의식을 어느 정도 극복해 가고 있다는 것을 의미한다. 또한 어디에서 왔는지도 모르는 채 이곳까지 날아온 모습은 어찌할 수 없는 생의 근원적 슬픔이자 운명성에 속하지만 시인은 그러한 비극성에 매달려 좌절하지 않고 좀 더 적극적으로 삶을 개척하고자 하는 견고한 의지를 보여 주고 있다. '혹독한 추위를 오롯이 견뎌 내고 하늘로 머리를 밀어 올리고 있는 들풀처럼, 모진 비바람을 잘 버텨내고 하얀 꽃을 피운 풀꽃처럼 살고 싶다'는 소망이 바로 그것에 해당한다.

시인의 시에는 '하얀', '희색' 이라는 시어가 압도적으로 많이 등장하고 있는데 이것은 시인의 순수 편향성 또는 순결 지향성과 관계가 있다고 볼 수 있다. 그렇기 때문에 시인이 크고 화려한 꽃처럼 살기를 원하기보다 하필 쌀알만 한 하얀 들꽃처럼 살기를 원하는 것은 당연한 일일 것이다.

보통 우리는 크고 색깔이 화려한 꽃처럼 세상의 부귀와

성공적인 삶에 목표를 두는 것과는 대조적으로, 작고 하얀 들꽃은 좀 더 고차원적이고 강인한 생명 의지의 표상, 즉 어떤 정신적 가치에 삶의 목표를 두는 상관물로 자주 빗대어 표현한다. 이렇게 본다면 시인이 '하늘로 머리를 밀어 올리는 들풀' 에 더 마음을 두고 있다는 것은 세속적인 물질의 가치에 삶의 목표를 두기보다는 정신적이고 영혼적인 부분에 좀 더 큰 가치를 두고 살리라는 소망과 결의를 상징화한 것으로 받아들일 수 있다. 이것이 바로 여자영 시인에겐 시를 쓰는 일이요, 시를 쓰는 일은 곧 인간의 삶에 근원적으로 뿌리내리고 있는 비극성과 유배 의식을 효과적으로 극복할 수 있는 정신 행위라고 시인은 믿고 있는 것이다.

4. 실향 의식과 또 다른 고향 찾아가기

시인은 북한에 고향을 두고 온 실향민의 한 사람이다. 그래서 그런지 시인의 시편들에는 고향 상실에 대한 아픔과 그리움, 그리고 고향 회귀와 회복에 대한 염원을 담고 있는 내용들이 많다. 상실은 회복이 전제되어야 완성이 되는 여전히 현재진행 중인 불완전한 단어다. 시인의 시에 특히 나그네 의식, 즉 '떠남과 돌아감' 에 대한 내용이 많이 나타나는 것도 이러한 원인이 없지는 않을 것이다. 시인의 고향 상실은 본인의 의도와는 상관없이 발생한 일이었기에 더 안타깝고 그 원망과 서운함은 클 수밖에 없음이 자명한 이치다.

추적추적 비는 내리고
동강 난 다리 밑으로
숨죽여 우는
회색빛 임진강이 흐르고 있다

아직도 녹슨 선로엔 철마가
전쟁의 상흔을 이고 지고
소리 없는 기적을 울리고

저 개성까지가 2킬로
안개 덮인 산야 너머
고향땅이 눈앞에 아득하다

동족상잔의 비극을 일으킨
그대들이여
이 땅에 모든 무기를 버려 다오
오늘도 임진강은 휘돌아가고 있는데

—「비 내리는 임진강 가에서」 전문

때로는 여러 가지 시적 장치와 화려한 언어의 기교가 오히려 시인이 표현하고자 하는 주제의식과 본질적 의미에 가닿지 못하게 방해하는 경우가 적지 않다. 그런데 위의 시에는 그러한 군더더기가 하나도 없다. 그리운 고향을 눈앞에 두고도 갈 수 없는 실향민의 심정에 무슨 치장을 하고 에둘러 말할 수 있는 여유가 있겠는가. 항변이라도 하듯 시인은 담담하고도 간절하게 속울음을 토해 놓고 있다. “저 개성까지가 2킬로/ 안개 덮인 산야 너머/ 고향땅이 눈앞에 아득하다”라며 갈 수 없는 고향에 대한 안타까운 그리움을 토로한다. 누가 수구초심이라고 했던가. 하물며 짐승도 고향으로 돌아가 최후를 맞이하려 한다는데 우리 인간이야 오죽하겠는가.

지호지간의 거리에 고향을 두고 갈 수 없는 나라는 우리 땅이 유일하다고 하지 않는가. 이 얼마나 기가 막힌 노릇인가? 시인의 고향 상실은 단순한 장소나 추억의 상실을 의미하는 것이 아니다. 생존의 근간인 뿌리의 상실을 의미하는 것이다. 뿌리 없이 사는 삶을 우리는 보통 부초 인생이라 하지 않던가? 부초란 물 위에 떠서 물결에 따라 흔들리는 풀의 모습을 말함인데 고향을 떠나 이리저리 굴러다니며 살아가는 사람을 비유하는 말로 자주 쓰이곤 한다. 자발적으로 고향을 떠난 것이 아니라 어쩔 수 없이 이루어진 고향 상실이며 박탈이라면 그 내상은 대단하다고 보아야할 것이다.

이러한 상실의 깊은 내상을 치유할 길은 고향을 회복하는 길밖에 없을 것이다. 시인은 이러란 내상을 안고 한 생애를 살아온 셈이다. 얼마나 안타깝고 그리우면 “동족상잔의 비극을 일으킨/ 그대들이여/ 이 땅에 모든 무기를 버려 다오/ 오늘도 임진강은 휘돌아가고 있는데”라고 절규하겠는가? 시인은 직설적 자기 명령화법을 사용하여 고향 상실을 일으킨 원인들을 향해 간절하게 하소연하고 있다. 그 어떤 세련된 시적 방법을 동원하여 표현한 것보다 시인의 고향에 대한 그리움과 안타까움이 읽는 이들에게 간절하게 와 닿는 것은 두말할 필요 없이 시인의 진정성 때문일 것이다. 이 땅에 모든 무기를 버려 달라는 그 애타는 염원이 여자영 시인 한 사람의 애원이 아니라 가고 싶어도 갈 수 없는 고향을 가진 이 땅 모든 실향민들의 염원이 함께 담겨 있기 때문일지도 모른다.

그만큼 시인의 고향 회귀, 회복에 대한 꿈이 간절하다는 뜻이 되겠다. 더 나아가 시인의 고향 회복에 대한 꿈은 '나'란 누구이며, 남은 날을 어떻게 살아야 하는지를 스스로에게 묻는 질문이며 동시에 자신의 존재 증명과 존재 회복에 대한 꿈으로 귀결되고 있다는 점에서 여자영 시인의 분단 시학의 의미를 찾을 수 있겠다. 시인의 고향에 대한 그리움을 더욱 구체적으로 노래한 다음 시를 눈여겨보자.

훅! 끼쳐 오는 구릿한 내음
보릿고개 아버진 그때
"똥이 밥이다" 하셨지

후미진 뒷간 옆에 묻어 놓은 오줌 항아리
한낮에 떠돌던 흰 구름 다녀가고
따가운 햇살 아래 열사병 앓고 나면
밤하늘 달과 별이 밤새 놀다 가네요

보리밭 이랑이랑
파도치는

아버지의 남루한 하루가
그 시절 배고프고 무료하던 날들이
왜 이리 시리게 그리울까

먼 산 그리매
멀고도 가까워라

—「4월의 보리밭을 생각하다」 전문

여자영 시인은 어린 시절의 기억의 한 부분을 선연히 재구성해 냄으로써 고향에 대한 회귀와 분단 극복의 열망을 간절하게 표출하고 있다. 보리밭이 연상시키는 아버지와의 추억을 회상시제로 사용하여 더욱 구체적으로 표현한 것이 시적 현장감과 리얼리티, 시의 진정성을 획득하는 데 적절한 시적 장치로 작용하고 있는 것이다. 이것은 보통 시인들이 회귀의 열망을 나타내고자 할 때 흔히 사용하는 시작법이긴 하지만 여자영 시인의 경우처럼 긴절히 사용될 때에는 시에 생동감을 불어넣는 결정적 역할을 수행한다.

또 한 가지 눈여겨볼 것은 시인이 고향에 대한 그리움을 표현할 때는 유독 기교와 수식이 극도로 절제되고 직설적인 시어의 활용이 눈에 띄게 늘어난다는 점이다. 그런데 이러한 직설적인 시어들의 활용이 오히려 시의 미적 긴장감, 즉 리얼리티를 높여 주고 있다는 데 의미가 크다고 하겠다. '배고프고, 무료하고, 그리운' 등의 직설적 시어들이 예기치 않은 순간에 나타나 참신한 이미지의 형상으로 느껴진다는 뜻이다. 때로는 이렇게 과감한 시어 사용에 있어서의 반전이 시의 예술성과 시적 긴장감을 유지하는 데 도움이 되기도 한다는 점에서 그 적극적 의미를 찾아볼 수 있겠다.

5. 실존의 허약함과 한계의식에 관하여

이번 시집에서 시인은 유독 외롭고 약하고 상처받은 존재에 대한 관심을 두드러지게 나타내고 있다. 그것은 시인이 자신과 가족의 병환이라는 삶의 어려운 복병을 만난 원인도 있겠지만, 착하고 섬세한 시인 자신의 천품과도 무관하지 않을 것이다. 시적 대상을 향한 시인의 시선은 촉촉이 젖어 있을 때가 많기 때문이다.

닭장 그늘에
숨어 피는
초승 달개비꽃

청보라 두 날개
하늘하늘 날아온
아가 나비 한 쌍

아침 이슬 머금은
단아한 몸짓

파르르 떨고 있구나

—「달개비꽃」 전문

지금 시인의 시선은 사람들 눈에 잘 띄는 장미꽃이나 화려한 백합에게 가 있는 것이 아니다. 흔히 집 안의 한쪽 귀퉁이에 초라하게 자리 잡고 있는 닭장, 그중에서도 그늘에 숨어 피어 있는 달개비꽃에게 머물고 있다. 언뜻 보면 꽃이라 하기보다는 그저 잡풀의 일종에 지나지 않는, 색깔도 푸르스름하여 우리가 흔히 병을 앓고 있거나 추운 곳에 오래도록 서 있어서 입술이 퍼렇게 얼어 있는 아이에 빗대곤 하는 존재감마저 느끼게 하는 존재표상이다. 그것은 아마도 병을 앓아 약해질 대로 약해진 시적 화자가 달개비꽃을 자신의 초상처럼 여기고 있는 데서 그 원인을 찾을 수 있을 것이다. 그런데 연약해 보이기만 하던 달개비꽃이 시인의 프리즘을 통과하는 순간 청보랏빛 두 날개를 펼치고 하늘하늘 나는 한 쌍의 나비로 전신한다.

식물적 상상력에서 동물적 상상력으로의 전환이라는 시적 장치를 통해 시인은 세속의 온갖 욕망과 허욕, 병마라는 육신의 고통을 훌훌 벗어던지고 가벼운 영혼으로 살고 싶다는 자신의 내면에 도사린 간절한 소망을 나타낸 것이라고 볼 수 있다. 육신이라는 감옥에 갇혀 시시때때로 닥쳐 오는 고통을 꼼짝없이 당할 수밖에 없는 처지가 되고 보면 때로는 육신을 벗어던지고 싶어질 때가 많지 않던가.

시인에게 바로 지금이 그런 때가 아닌가 싶다. 그래서 시인의 동병상련하는 마음이 달개비꽃에 전이되어 나타나고 있는 것이다. 또한 "아침 이슬 머금은/ 단아한 몸짓/ 파르르 떨고 있구나"라는 시구에서 보듯이 우리는 깨끗하고 맑은 영혼으로 살고자 하는 시인의 정신적 결개를 엿볼 수 있는 것이다. 달개비꽃이 탐한 것은 아침 이슬뿐이고, 그것으로 달개비꽃은 충분한 것처럼 보인다. 이슬을 받아먹고 꽃을 피우고 자신이 하고 싶은 대로 단아하게 몸짓을 하고 우주와 상생 교감을 나누는 달개비꽃처럼 운명을 거스르지 않고, 자족하며 살고자 하는 시인의 순수와 염결 지향의 삶에 대한 태도를 엿볼 수 있는 것이다.

다음 시에서도 시인의 외롭고 약한 존재를 향한 시선은 여전하다.

비둘기 한 쌍이
나란히 걷고 있네

발갛게 부르튼 맨발로
고개를
끄덕! 끄덕!

이른 숲길
탁발을 나온 걸까

—「어느 동행」 전문

시적 배경은 "발갛게 부르튼 맨발"에서 보듯이 어느 추운 겨울 아침인 것 같다. 맨발을 가릴 신발이나 양말 한 켤레 없이 아침부터 밥을 벌어야 하는 고단하고 평범한 소시민들의 삶을 이보다 더 잘 표현한 시는 그리 흔치 않을 것이다. 우리 인간은 누구나 빈손으로 이 세상에 왔다 간다. 내가 왜 여기 와 있으며 어떻게 살아가야 할지 아무것도 모르는 채 그저 배가 고프면 울어서 배를 채우고 키를 키우며 몸무게를 늘려서 어른이 되어 늙어 간다. 운 좋게도 좋은 부모를 만나고 남보다 좀 더 나은 능력을 가지고 태어났다면 그렇지 못한 사람보다는 좀 나을 수는 있어도 여전히 몸을 움직여 일을 해야 배가 채워지고 목숨을 유지해 나갈 수 있는 것이다.

이러한 운명의 형식은 인간이나 동물이나 마찬가지인 것이다. 시인은 그러한 인간의 본질적 속성을 비둘기 한 쌍을 통해 깊이 있게 들여다보고 있는 것이다. 이른 숲길 탁발을 나온 존재는 다름 아닌 시인 자신이고 '나' 라는 인식이 깊은 공감과 울림을 준다.

6. 맺음말

여자영 시인의 이번 두 번째 시집에서 우리가 특히 주목해 보아야 할 점은 첫 시집 『화엄고요』에 비해 시인이 사물을 대하는 태도가 많이 바뀌었다는 점이다. 첫 시집이 사물과의 일정한 거리를 유지한 채 한 걸음 물러나서 물끄러미 대상을 바라보던 관조자의 입장으로 사물을 대했다면, 이번

새 시집에서는 직접 시적 대상에게 다가가 말을 걸고 더욱 친밀하게 눈을 맞추며 사물과 적극적으로 소통을 시도하고 있다는 점이다. 이것은 그녀가 세상을 향해 말문을 트기 시작했다는 뜻이 될 것이다. 그것은 곧 시인으로서의 정체성 또는 자신감을 회복했다는 뜻이 될 수도 있을 것이며, 자신을 객관화하고 남을 돌아볼 여유도 생겼다는 뜻이 될 수도 있겠다. 또한 인간 본질에 대한 탐구와 삶에 대한 깊이 있는 성찰이 함께 이루어지고 있다는 뜻도 될 것이다.

모든 인간은 언젠가는 이 땅을 떠나가야 하는 나그네로서의 삶을 살아가는 생에 대한 한계 인식을 지닌다. 그러기에 욕망과 허욕에 매이지 않고 맑고 깨끗한 영혼으로 살고자 하는 염결 의식 내지는 생에 대한 순수와 순결 지향 의식이 강조되는 점도 유의해 볼 만한 특징 중 하나다. 그러나 무엇보다 이번 시집에서는 시의 미적 완성도를 향해 내밀하게 진전돼 가고 있다는 점을 특히 유의해야 한다. 수사와 어휘 선택, 즉 조사법(poetic diction)에서도 예술성을 점차 확보하고 있으며 곳곳에 배치되고 있는 시적 장치는 세련미를 더해 가고 있는 것으로 판단되기 때문이다.

무엇보다 전달하고자 하는 핵심으로서 주제의식도 깊이를 더해 가고 있어 시인의 앞날이 더욱 기대된다. 모쪼록 시가 시인에게 구원과 희망으로 살아남아 생의 의미로 더욱 빛나기를 기대한다.

시인 여자영

함홍 출생
2010년 『시와시학』으로 등단
시집 『화엄고요』가 있음.
2012년 님시인상 우수상 수상

E-Mail : yayeuns@hanmail.net

지금 이 순간 외엔 따로 길이 없다는 것을 생각한다

지은이 | 여자영
펴낸이 | 김재은
펴낸곳 | 도서출판 시학사
1판1쇄 | 2015년 7월 25일
출판등록 | 2015년 5월 14일
등록번호 | 제300-2015-83호
주소 | 서울 종로구 혜화로3가길 4(명륜1가)
전화 | 744-0110
FAX | 3672-2674
값 10,000원

ISBN 978-89-94889-91-7 03810